škola - mokykla	2
putovanje - kelionė	5
transport - transportas	8
grad - miestas	10
krajolik - kraštovaizdis	14
restoran - restoranas	17
supermarket - prekybos centras	20
piće - gėrimai	22
jelo - maistas	23
seosko imanje - ūkininko ūkis	27
kuća - namas	31
dnevni boravak - svetainė	33
kuhinja - virtuvė	35
kupatilo - vonios kambarys	38
dječija soba - vaiko kambarys	42
odjeća - drabužis	44
ured - biuras	49
ekonomija - ekonomika	51
zanimanja - profesijos	53
alat - įrankiai	56
muzički instrumenti - muzikos instrumentai	57
zološki vrt - zoologijos sodas	59
sport - sportas	62
aktivnosti - užsiėmimai	63
porodica - šeima	67
tijelo - kūnas	68
bolnica - ligoninė	72
hitna pomoć - nelaimingas atsitikimas	76
Zemlja - Žemė	77
sat - laikrodis	79
sedmica, nedjelja - savaitė	80
godina - metai	81
oblici - formos	83
boje - spalvos	84
suprotnosti - priešingos reikšmės žodžiai	85
brojevi - skaičiai	88
jezici - kalbos	90
ko / šta / gdje - kas / ką / kaip	91
gdje - kur	92

AF187666

Impressum
Verlag: BABADADA GmbH, Nedderfeld 112 , 22529 Hamburg
Geschäftsführer / Verlagsleitung: Harald Hof
Druck: Books on Demand GmbH, In de Tarpen 42, 22848 Norderstedt

Imprint
Publisher: BABADADA GmbH, Nedderfeld 112 , 22529 Hamburg, Germany
Managing Director / Publishing direction: Harald Hof
Print: Books on Demand GmbH, In de Tarpen 42, 22848 Norderstedt, Germany

škola
mokykla

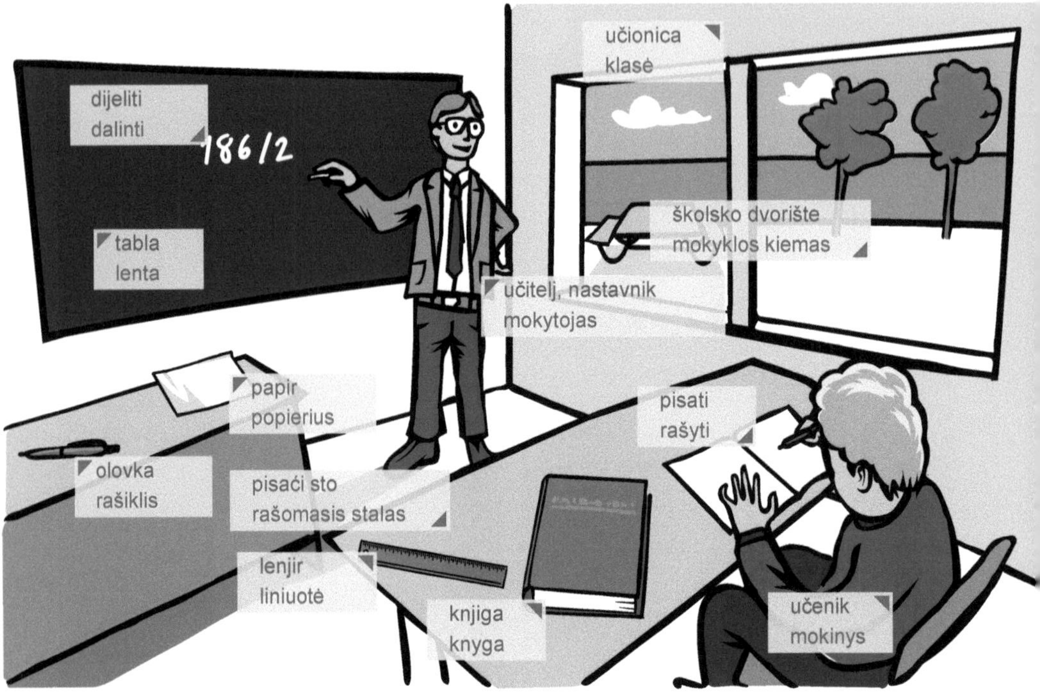

učionica
klasė
dijeliti
dalinti
186/2
tabla
lenta
školsko dvorište
mokyklos kiemas
učitelj, nastavnik
mokytojas
papir
popierius
pisati
rašyti
olovka
rašiklis
pisaći sto
rašomasis stalas
lenjir
liniuotė
knjiga
knyga
učenik
mokinys

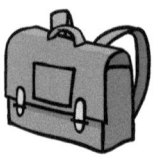

torba

kuprinė

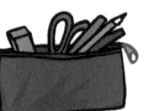

pernica

penalas

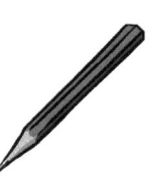

drvena olovka

pieštukas

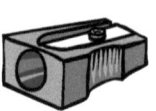

šiljalo za olovke

drožtukas

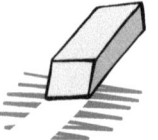

gumica

trintukas

blok za crtanje

piešimo bloknotas

crtež
....
piešinys

kist
....
teptukas

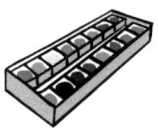

kutija s bojama
....
dažų dėžutė

makaze
....
žirklės

ljepilo
....
klijai

vježbanka
....
vadovėlis

domaća zadaća
....
namų darbai

broj
....
numeris

sabirati
....
pridėti

oduzimati
....
atimti

množiti
....
dauginti

računati
....
skaičiuoti

slovo
....
raidė

abeceda
....
abėcėlė

riječ
....
žodis

tekst
tekstas

čitati
skaityti

kreda
kreida

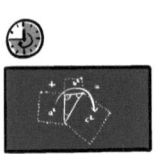

sat
pamoka

školski dnevnik
dienynas

ispit
egzaminas

svjedočanstvo
pažymėjimas

školska uniforma
mokyklinė uniforma

izobrazba
išsilavinimas

leksikon
enciklopedija

univerzitet
universitetas

mikroskop
mikroskopas

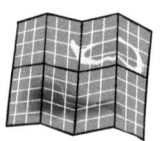

karta
žemėlapis

korpa za papir
šiukšliadėžė

putovanje
kelionė

hotel
viešbutis
Grand
hostel
svečių namai
ROOMS
mjenjačnica
valiutos keitykla
kofer
lagaminas
auto
mašina

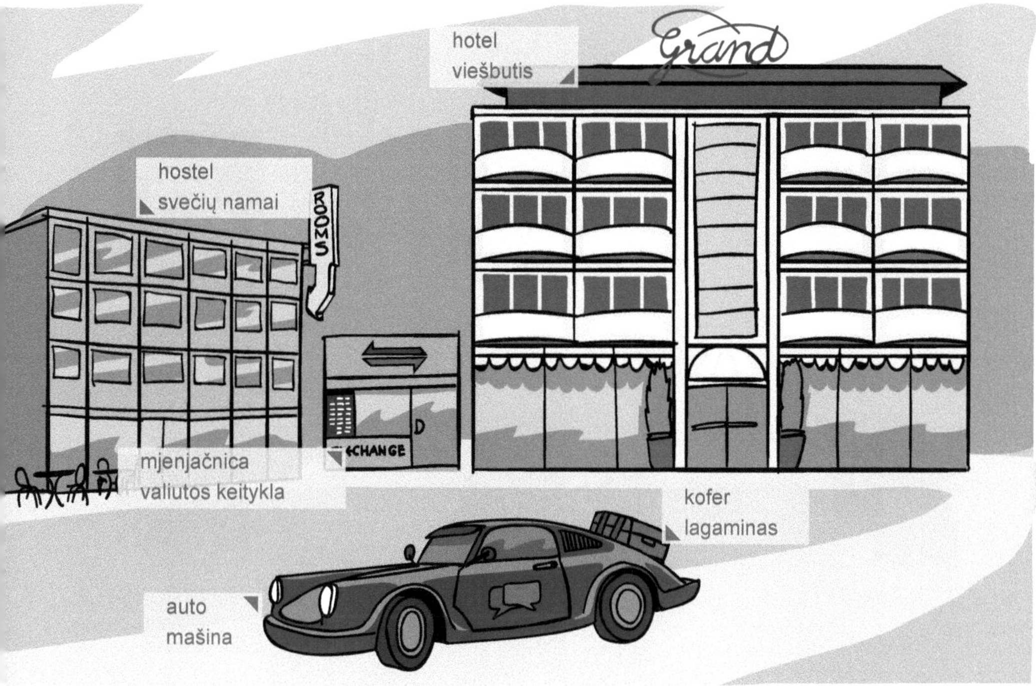

jezik

kalba

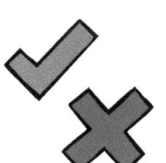

da / ne

taip / ne

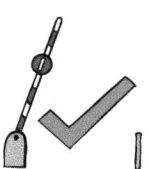

okej

Gerai

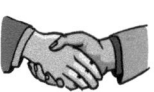

zdravo

sveiki

tumač

vertėjas raštu

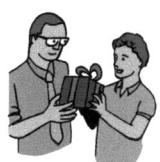

hvala

Ačiū

Koliko košta...?

kiek kainuoja...?

Ne razumijem

aš nesuprantu

problem

problema

dobro veče!

Labas vakaras!

Dobro jutro!

Labas rytas!

Laku noć!

Labos nakties!

doviđenja

viso gero

smjer

kryptis

prtljag

bagažas

torba

krepšys

ruksak

kuprinė

gost

svečias

soba

kambarys

vreća za spavanje

miegmaišis

šator

palapinė

turističke informacije

turizmo informacija

plaža

paplūdimys

kreditna kartica

kreditinė kortelė

doručak

pusryčiai

ručak

pietūs

večera

vakarienė

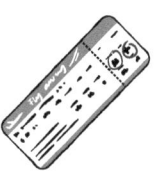

putna karta

bilietas

lift

liftas

poštanska markica

pašto ženklas

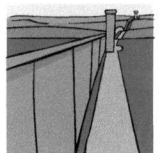

granica

siena

carina

muitinė

ambasada

ambasada

viza

viza

pasoš

pasas

transport
transportas

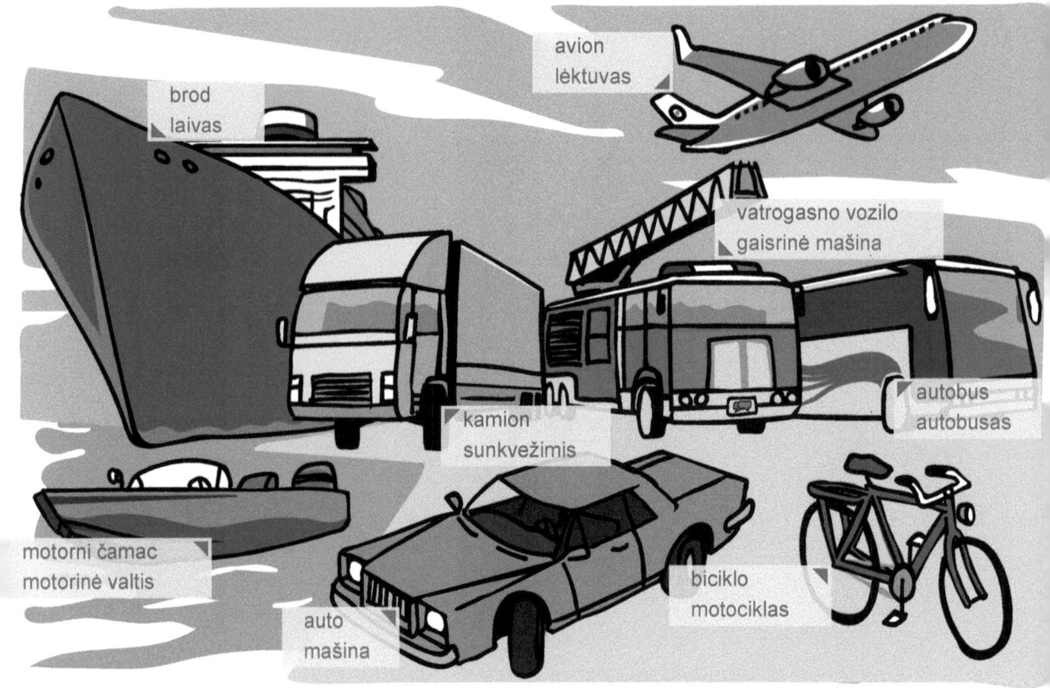

avion
lėktuvas
brod
laivas
vatrogasno vozilo
gaisrinė mašina
autobus
autobusas
kamion
sunkvežimis
motorni čamac
motorinė valtis
biciklo
motociklas
auto
mašina

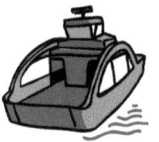

trajekt
keltas

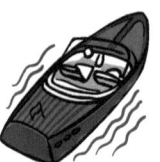

brod
valtis

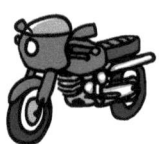

motocikl
mopedas

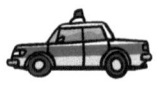

policijski automobil
policijos automobilis

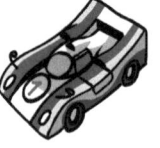

trkaći automobil
lenktyninis automobilis

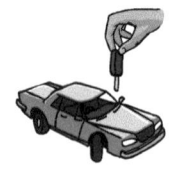

unajmljeni automobil
nuomojamas automobilis

kar-šering

bendras automobilio
naudojimas

pauk

techninės pagalbos
automobilis

smećarsko vozilo

šiukšliavežė

motor

variklis

gorivo

degalai

benzinska pumpa

degalinė

saobraćajni znak

kelio ženklas

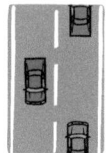

saobraćaj

eismas

zastoj

eismo spūstis

parking

mašinų stovėjimo aikštelė

željeznička stanica

traukinių stotis

šine

bėgiai

voz

traukinys

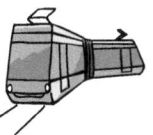

tramvaj

tramvajus

vagon

vagonas

helikopter

sraigtasparnis

aerodrom

oro uostas

toranj

bokštas

putnik

keleivis

kontejner

konteineris

karton

dėžė

tačke

vežimėlis

korpa

krepšys

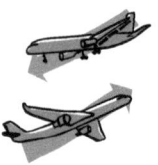

poletjeti / sletjeti

pakilti / nusileisti

grad

miestas

selo

kaimas

centar grada

miesto centras

kuća

namas

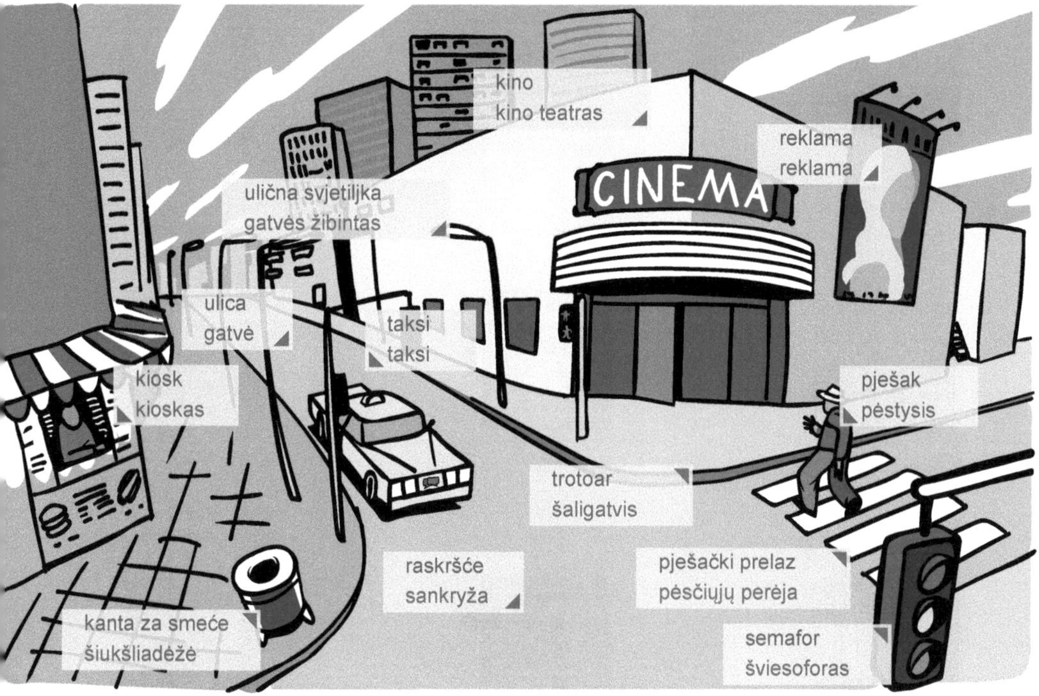

kino
kino teatras
CINEMA
reklama
reklama
ulična svjetiljka
gatvės žibintas
ulica
gatvė
taksi
taksi
kiosk
kioskas
pješak
pėstysis
trotoar
šaligatvis
raskršće
sankryža
pješački prelaz
pėsčiųjų perėja
kanta za smeće
šiukšliadėžė
semafor
šviesoforas

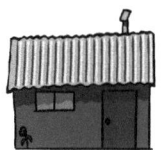

koliba

trobelė

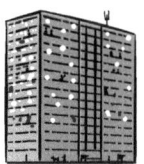

stan

butas

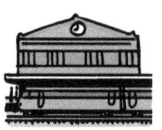

željeznička stanica

traukinių stotis

vjećnica

rotušė

MUSEUM

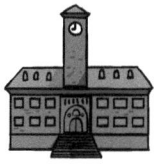

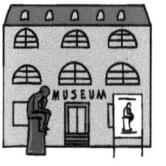

muzej

muziejus

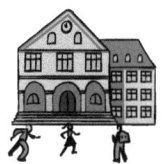

škola

mokykla

univerzitet

universitetas

banka

bankas

bolnica

ligoninė

hotel

viešbutis

apoteka

vaistinė

ured

biuras

knjižara

knygynas

radnja

parduotuvė

cvjećara

gėlių parduotuvė

supermarket

prekybos centras

pijaca

turgus

robna kuća

universalinė parduotuvė

prodavač ribe

žuvies parduotuvė

trgovački centar

prekybos centras

luka

uostas

park

parkas

klupa

suoliukas

most

tiltas

stepenice

laiptai

podzemna željeznica

metro

tunel

tunelis

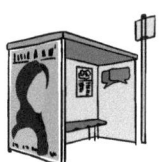

autobuska stanica

autobusų stotelė

bar

baras

restoran

restoranas

poštanski sandučić

lauko pašto dėžutė

saobraćajni znak

kelio ženklas

sat za naplatu parkinga

parkomatas

zoološki vrt

zoologijos sodas

bazen

baseinas

džamija

mečetė

seosko imanje

ūkininko ūkis

zagađenje okoline

tarša

groblje

kapinės

crkva

bažnyčia

igralište

žaidimų aikštelė

hram

šventykla

krajolik
kraštovaizdis

list
lapas

putokaz
kelio rodyklė

putokaz
kelias

livada
pieva

kamen
akmuo

drvo
medis

putnik
ėjikas

rijeka
upė

trava
žolė

cvijet
gėlė

dolina

slėnis

brdo

kalva

jezero

ežeras

šuma

miškas

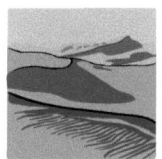

pustinja

dykuma

vulkan

ugnikalnis

dvorac

pilis

duga

vaivorykštė

gljiva

grybas

palma

palmė

komarac

uodas

muha

musė

mrav

skruzdėlė

pčela

bitė

pauk

voras

buba

vabalas

žaba

varlė

vjeverica

voverė

jež

ežys

zec

kiškis

sova

pelėda

ptica

paukštis

labud

gulbė

divlja svinja

šernas

jelen

elnias

los

briedis

brana

užtvanka

vjetrenjača

vėjo jėgainė

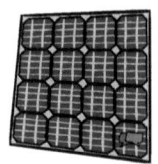

solarni modul

saulės baterija

klima

klimatas

krajolik - kraštovaizdis

restoran
restoranas

konobar
padavėjas
jelovnik
meniu
stolica
kėdė
supa
sriuba
pica
pica
stolnjak
staltiesė
pribor za jelo
stalo įrankiai

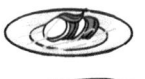

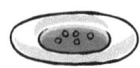

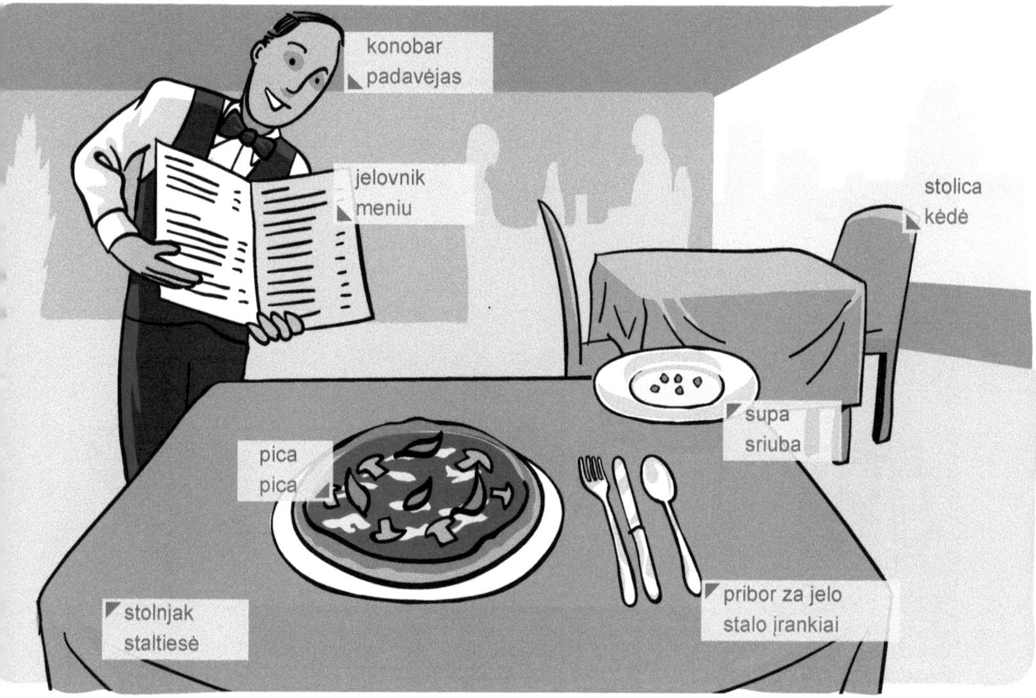

predjelo

užkandis

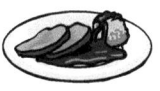

glavno jelo

pagrindinis patiekalas

desert

desertas

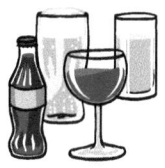

piće

gėrimai

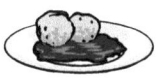

jelo

maistas

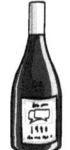

flaša

butelis

brza hrana

greitai pateikiamas maistas

jelo sa ulice

gatvės maistas

čajnik

arbatinukas

šećernica

cukrinė

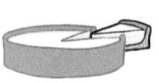

porcija

porcija

mašina za espreso

espreso aparatas

barska stolica

aukšta kėdė

račun

sąskaita

tacna

padėklas

nož

peilis

viljuška

šakutė

kašika

šaukštas

kašičica

arbatinis šaukštelis

salveta

servetėlė

čaša

stiklinė

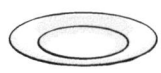

tanjir
lėkštė

tanjir za supu
sriubos lėkštė

tanjurić
padėklas

sos
padažas

solanik
druskinė

mlin za biber
pipirų malūnėlis

sirće
actas

ulje
aliejus

začini
prieskoniai

kečap
kečupas

senf
garstyčios

majoneza
majonezas

supermarket
prekybos centras

ponuda
specialus pasiūlymas
FOR
klijent
pirkėjas
mliječni proizvodi
pieno produktai
voće
vaisiai
kolica za kupovinu
troleibusas

BUTCHERS

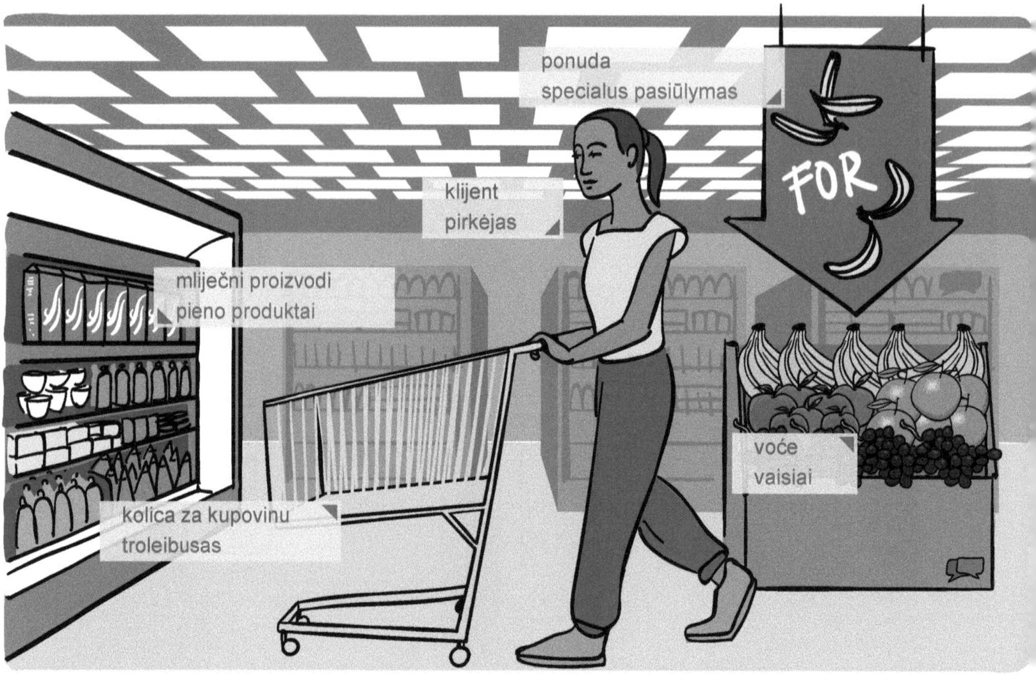

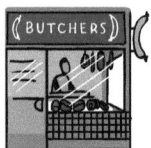

mesnica- klaonica

mėsos parduotuvė

BAKERY

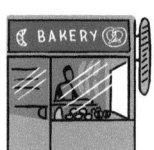

pekara

kepykla

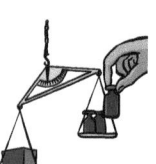

vagati

sverti

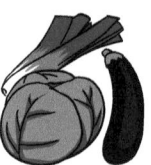

povrće

daržovės

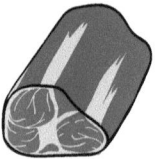

meso

mėsa

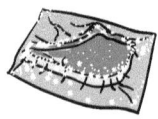

zaleđena hrana

šaldytas maistas

narezak

šalti mėsos užkandžiai

konzerve

konservai

prašak za veš

skalbimo milteliai

slatkiši

saldumynai

kućanski proizvodi

ūkinės prekės

sredstvo za čišćenje

valymo priemonės

prodavačica

pardavėja

kasa

kasos aparatas

blagajnik

kasininkas

lista za kupovinu

pirkinių sąrašas

radno vrijeme

darbo valandos

novčanik

piniginė

kreditna kartica

kreditinė kortelė

torba

maišelis

najlonska vrećica

plastikinis maišelis

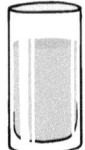

voda

vanduo

sok

sultys

mlijeko

pienas

kola

kola

vino

vynas

pivo

alus

alkohol

alkoholis

kakao

kakava

čaj

arbata

kafa

kava

espreso

espresas

kapućino

kapučinas

banana
bananas

jabuka
obuolys

narandža
apelsinas

lubenica
arbūzas

limun
citrina

mrkva
morka

bijeli luk
česnakas

bambus
bambukas

crveni luk
svogūnas

gljiva
grybas

orašasti plodovi
riešutai

pasta
makaronai

špagete
....
spagečiai

riža
....
ryžiai

salata
....
salotos

pomfrit
....
traškučiai

pečeni krompir
....
keptos bulvės

pica
....
pica

hamburger
....
mėsainis

sendvič
....
sumuštinis

šnicla
....
pjausnys

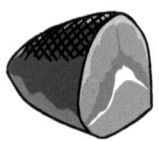

šunka
....
kumpis

kobasica
....
saliamis

kobasica
....
dešrelė

kokoš
....
vištiena

pečenje
....
kepsnys

riba
....
žuvis

zobene pahuljice
....
avižų dribsniai

muzli
....
dribsniai su priedais

kornfleks
....
kukurūzų dribsniai

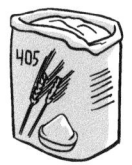

brašno
....
miltai

kroason
....
prancūziškasis ragelis

zemičke
....
bandelė

kruh
....
duona

tost
....
skrebutis

keksi
....
sausainiai

maslac
....
sviestas

svježi sir
....
varškė

kolač
....
tortas

jaje
....
kiaušinis

jaje na oko
....
kiaušinienė

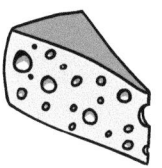

sir
....
sūris

sladoled
ledai

šećer
cukrus

med
medus

marmelada
uogienė

nugat krema
tepamas šokoladas

kuri
karis

seosko imanje
ūkininko ūkis

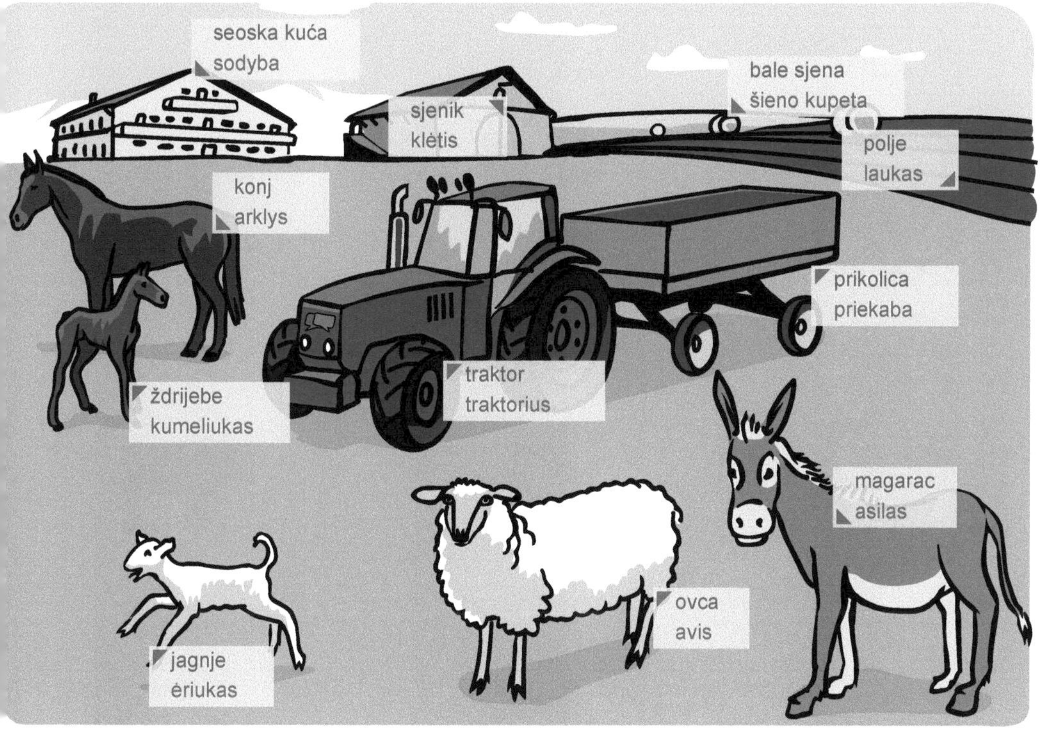

seoska kuća
sodyba
sjenik
klėtis
bale sjena
šieno kupeta
polje
laukas
konj
arklys
prikolica
priekaba
traktor
traktorius
ždrijebe
kumeliukas
magarac
asilas
ovca
avis
jagnje
ėriukas

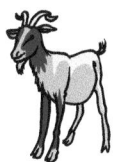

koza

ožys

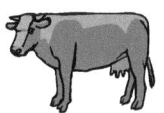

krava

karvė

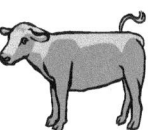

tele

veršis

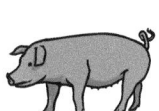

svinja

kiaulė

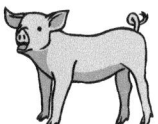

prase

paršelis

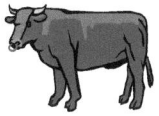

bik

bulius

guska

žąsis

patka

antis

pile

viščiukas

kokoška

višta

pjetao

gaidys

pacov

žiurkė

mačka

katė

miš

pelė

vol

jautis

pas

šuo

pseća kućica

šuns būda

crijevo za baštu

sodo namas

kanta za zalijevanje

laistytuvas

kosa

dalgis

plug

plūgas

srp
pjautuvas

motika
kauptukas

vile
šakės

sjekira
kirvis

tačke
statinė

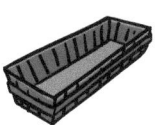

korito
lovys

bokal za mlijeko
bidonas

vreća
maišas

ograda
tvora

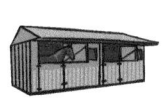

štala
arklidė

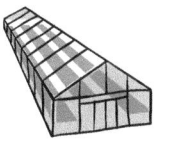

staklenik
šiltnamis

tlo
dirva

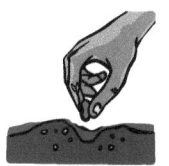

sjeme
sėkla

đubrivo
trąšos

kombajn
kombainas

kositi
rinkti

žetva
derlius

jam korijen
saldžiosios bulvės

pšenica
kviečiai

soja
soja

krompir
bulvė

kukuruz
kukurūzai

uljana repica
rapsai

drvo voća
vaismedis

manioka
manijokas

žito
grūdai

kuća
namas

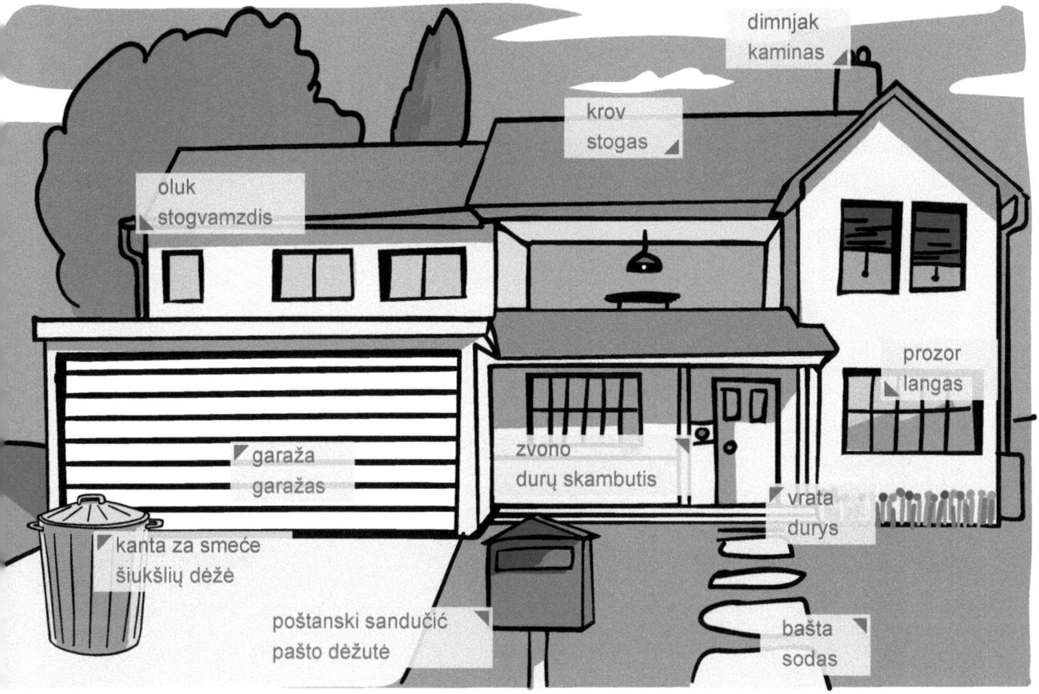
dimnjak
kaminas
krov
stogas
oluk
stogvamzdis
prozor
langas
garaža
garažas
zvono
durų skambutis
vrata
durys
kanta za smeće
šiukšlių dėžė
poštanski sandučić
pašto dėžutė
bašta
sodas

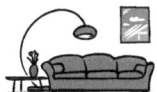

dnevni boravak

svetainė

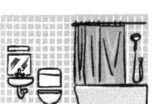

kupatilo

vonios kambarys

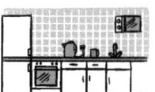

kuhinja

virtuvė

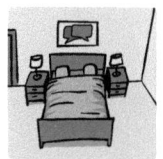

spavaća soba

miegamasis

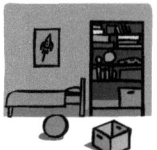

dječija soba

vaiko kambarys

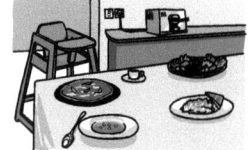

trpezarija

valgomasis

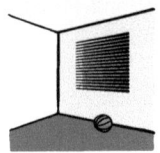

pod, tlo

grindys

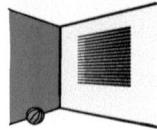

zid

siena

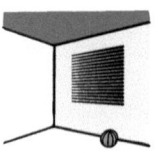

plafon

lubos

podrum

rūsys

sauna

sauna

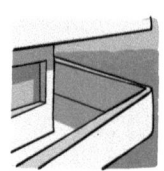

balkon

balkonas

terasa

terasa

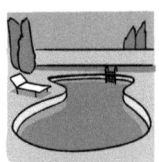

bazen

baseinas

kosilica

žoliapjovė

posteljina

paklodė

pokrivač

lovatiesė

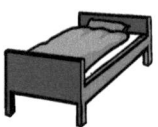

krevet

lova

metla

šluota

kanta

kibiras

prekidač

jungiklis

dnevni boravak

svetainė

tapeta
tapetai
fotografija
nuotrauka
lampa
šviestuvas
polica
lentyna
ormar
spintelė
televizija
televizorius
dimnjak
židinys
cvijet
gėlė
jastuk
pagalvėlė
kauč
sofa
vaza
vaza
daljinski upravljač
nuotolinio valdymo pultelis

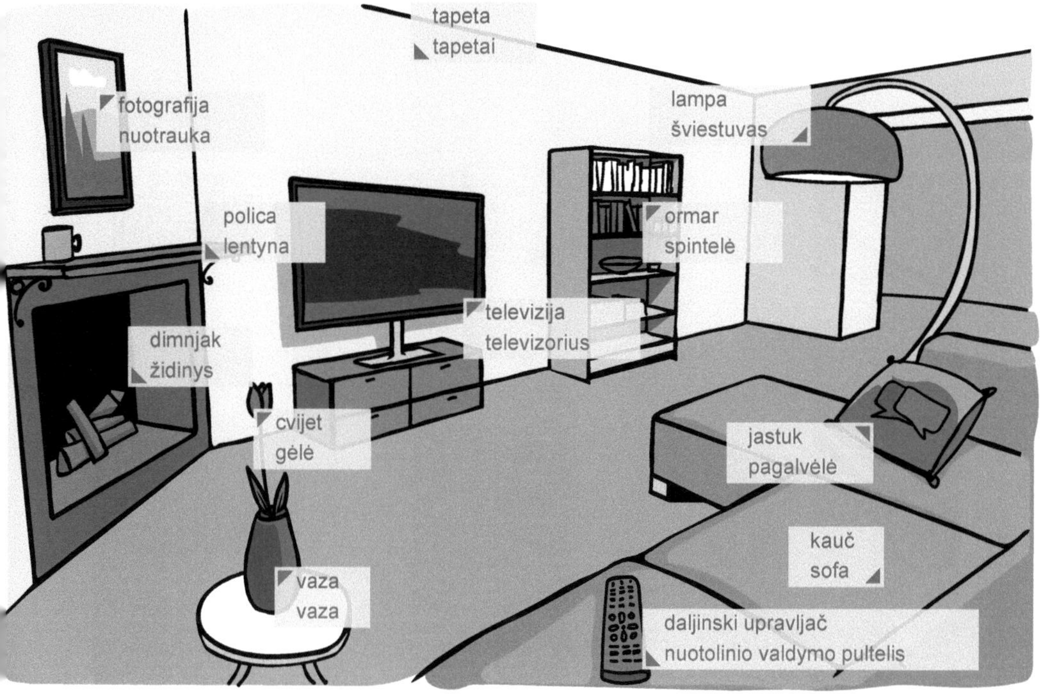

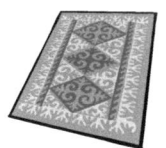

tepih

kilimas

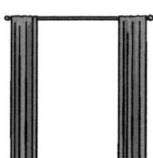

zavjesa

užuolaida

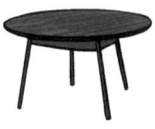

stol

stalas

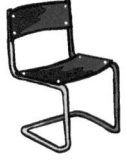

stolica

kėdė

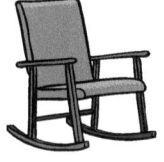

stolica za ljuljanje

supamasis krėslas

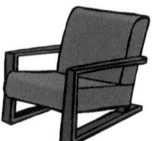

fotelja

fotelis

knjiga
knyga

deka
antklodė

dekoracija
papuošimai

ložno drvo
malkos

film
filmas

stereo uređaj
stereo aparatūra

ključ
raktas

novine
laikraštis

umjetnička slika
paveikslas

poster
plakatas

radio
radijas

blok za bilješke
užrašų knygelė

usisavač
dulkių siurblys

kaktus
kaktusas

svijeća
žvakė

kuhinja
virtuvė

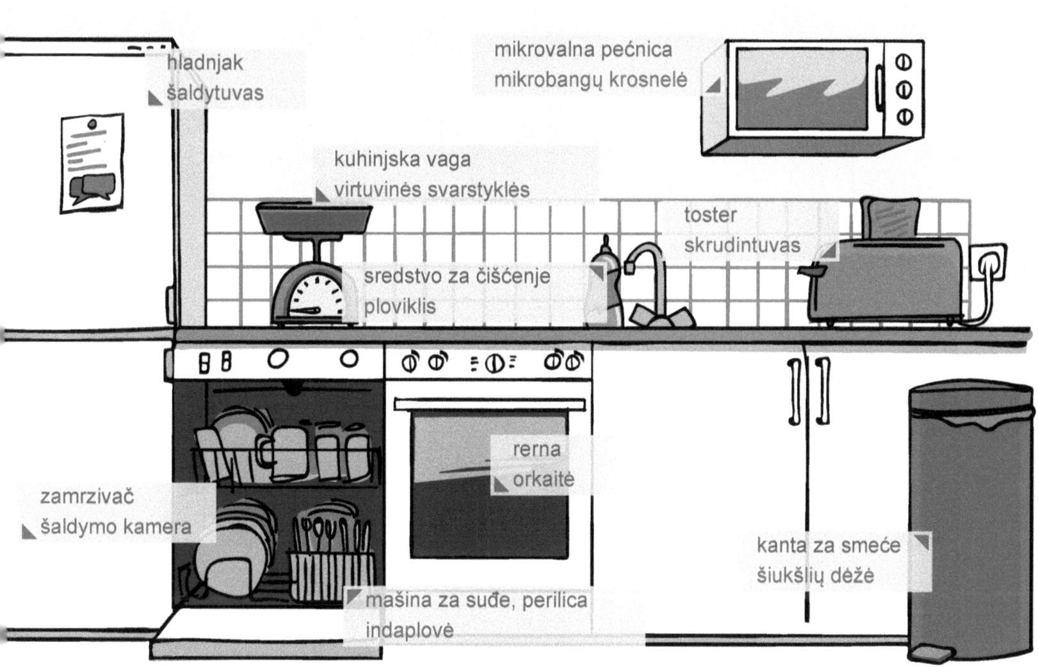

hladnjak
šaldytuvas
mikrovalna pećnica
mikrobangų krosnelė
kuhinjska vaga
virtuvinės svarstyklės
toster
skrudintuvas
sredstvo za čišćenje
ploviklis
rerna
orkaitė
zamrzivač
šaldymo kamera
kanta za smeće
šiukšlių dėžė
mašina za suđe, perilica
indaplovė

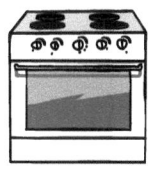

peć

viryklė

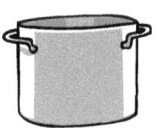

lonac

puodas

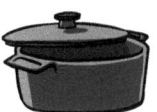

metalni lonac

ketaus puodas

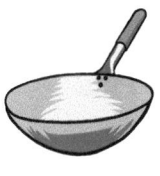

vok / kadai

„wok“ keptuvė

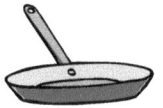

tava, tiganj

keptuvė

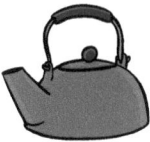

kuhalo

virdulys

aparat za kuhanje na pari
....
garų puodas

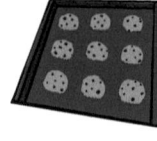

lim za pečenje
....
kepimo skarda

posuđe
....
porceliano indai

šalica
....
puodelis

činija
....
dubuo

kineski štapići
....
valgomosios lazdelės

kutlača
....
samtis

lopatica
....
mentelė

metlica za snijeg bjelanjca
....
plaktuvas

sito za kuhanje
....
koštuvas

sito
....
sietas

ribež
....
trintuvė

avan s tučkom
....
grūstuvė

roštilj
....
kepsninė

ložište
....
atvira liepsna

daska

pjaustymo lentelė

oklagija

kočėlas

vadičep

kamščiatraukis

konzerva

skardinė

otvarač za konzerve

skardinių atidarytuvas

krpe za lonac

puodkėlė

sudoper

kriauklė

četka

šepetys

spužva

kempinė

mikser

trintuvas

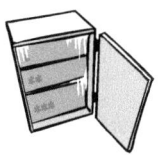

zamrzivač

šaldiklis

flašica za bebu

kūdikių buteliukas

slavina

čiaupas

kupatilo
vonios kambarys

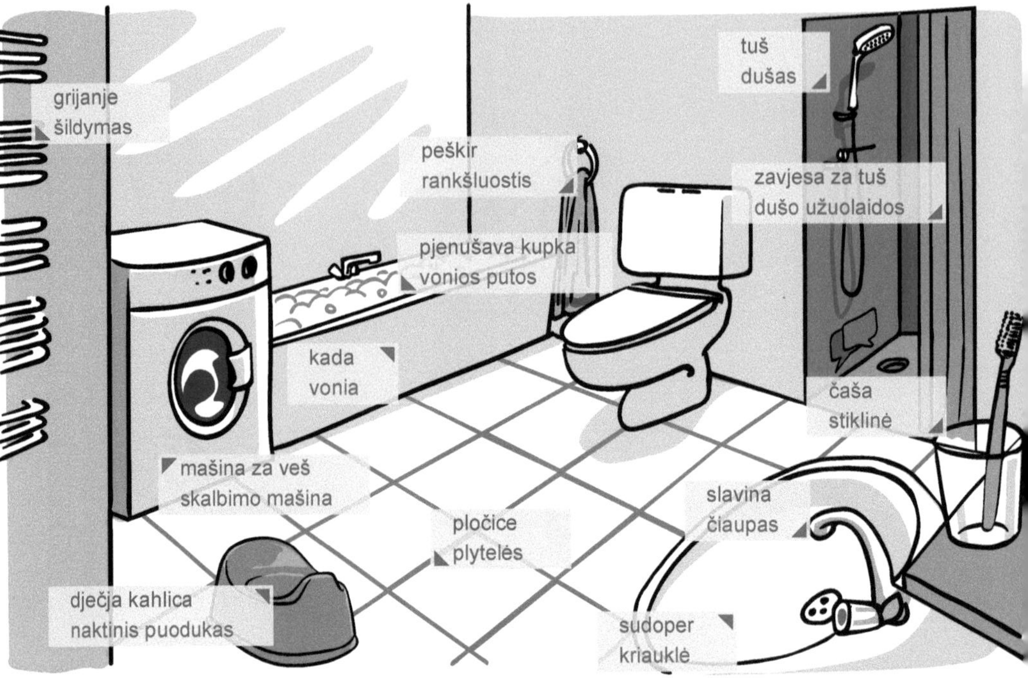

tuš
dušas
grijanje
šildymas
peškir
rankšluostis
zavjesa za tuš
dušo užuolaidos
pjenušava kupka
vonios putos
kada
vonia
čaša
stiklinė
mašina za veš
skalbimo mašina
slavina
čiaupas
pločice
plytelės
dječja kahlica
naktinis puodukas
sudoper
kriauklė

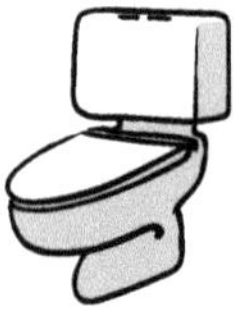

toalet
unitazas

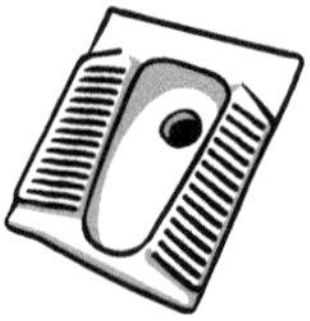

čučavac
tupimasis unitazas

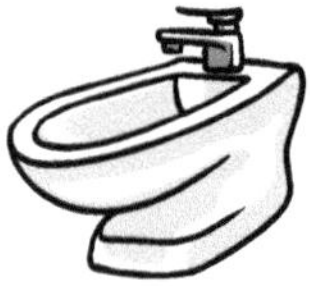

bide
bidė

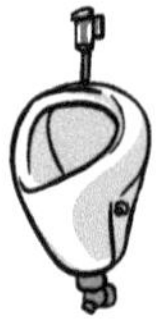

pisoar
pisuaras

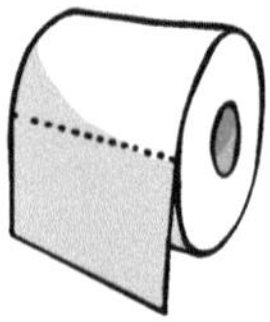

toalet papir
tualetinis popierius

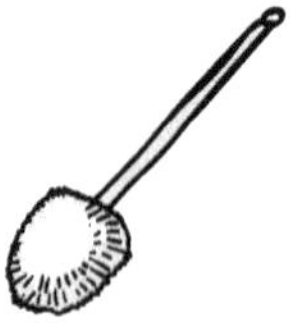

četka za wc
unitazo šepetys

četkica za zube

dantų šepetėlis

pasta za zube

dantų pasta

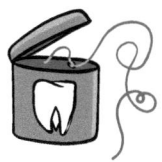

zubni konac

dantų siūlas

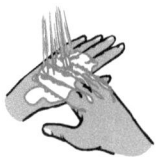

prati

plauti

tuš

dušo galvutė

intimni tuš

higieninis dušas

lavor

praustuvas

četka za leđa

nugaros plaušinė

sapun

muilas

gel za tuširanje

dušo želė

šampon

šampūnas

krpe za pranje

plaušinė

odvod

kanalizacija

krema

kremas

dezodorans

dezodorantas

ogledalo

veidrodis

ogledalo za šminkanje

veidrodėlis

brijač

skustuvas

pjena za brijanje

skutimosi putos

vodica poslije brijanja

losjonas po skutimosi

češalj

šukos

četka

šepetys

fen

plaukų džiovintuvas

sprej za kosu

plaukų lakas

puder

makiažas

karmin

lūpdažis

lak za nokte

nagų lakas

vata

vata

makazice za nokte

žirklutės nagams

parfem

kvepalai

kupatilo - vonios kambarys

kozmetička torbica

maišelis skalbiniams

hoklica

taburetė

vaga

svarstyklės

kupaći ogrtač

chalatas

rukavice za čišćenje

guminės pirštinės

tampon

tamponas

uložak za dame

higieninis įklotas

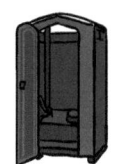

hemijski toalet

biotualetas

dječija soba
vaiko kambarys

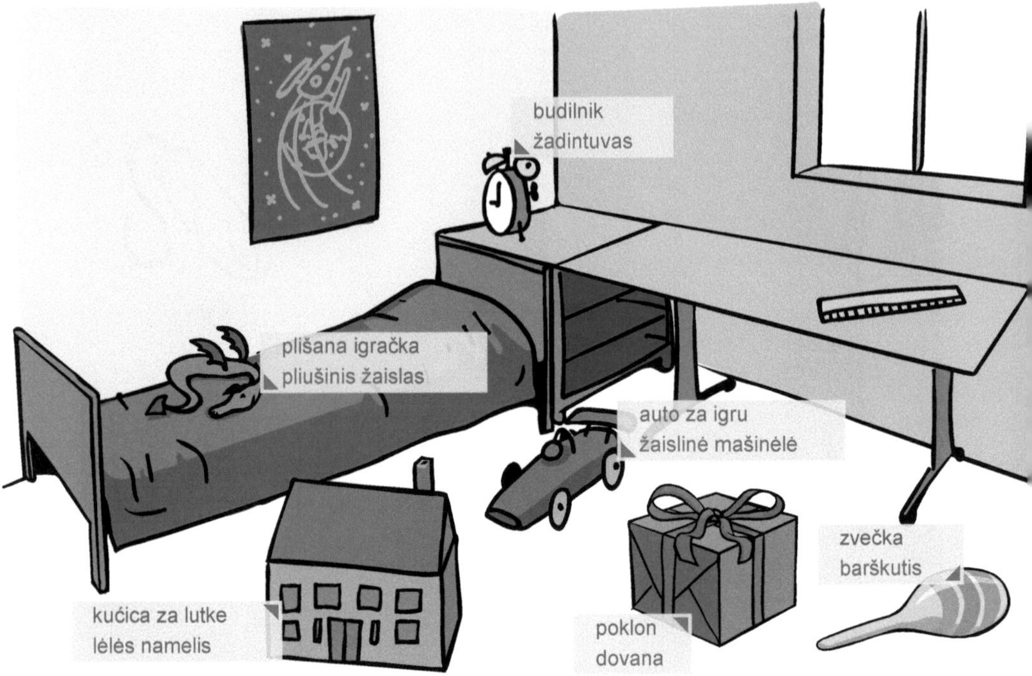
budilnik
žadintuvas
plišana igračka
pliušinis žaislas
auto za igru
žaislinė mašinėlė
zvečka
barškutis
kućica za lutke
lėlės namelis
poklon
dovana

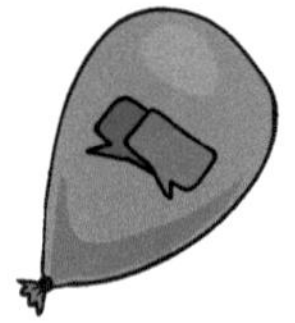

balon

balionas

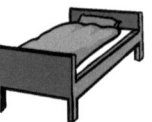

krevet

lova

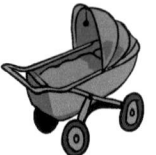

kolica za djecu

vaikiškas vežimėlis

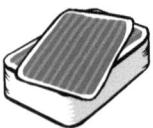

karte za igranje

kortų malka

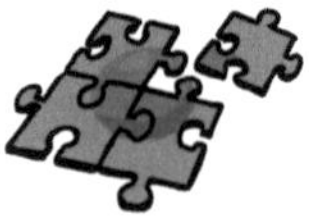

puzle

delionė

SUPER
MEGA

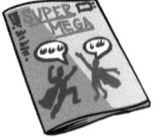

strip

komiksai

lego kockice

lego kaladėlės

kockice za gradnju

žaislinės kaladėlės

akcione figure

figūrėlė

benkica

šliaužtinukai

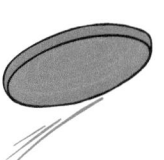

frizbi

mėtymo lėkštė

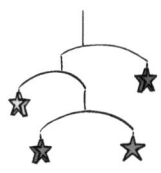

mobile

karuselė

igra na ploči

stalo žaidimas

kocka

kauliukai

miniatura željeznice

žaislinis traukinys

cucla

žindukas

zabava

vakarėlis

slikovnica

paveiksliukų knygelė

lopta

kamuolys

lutka

lėlė

igrati

žaisti

pješćanik
smėlio dėžė

ljuljačka
sūpynės

igračke
žaislai

konzola za igru
žaidimų konsolė

triciklo
triratukas

medvjedić
meškiukas

ormar
drabužių spinta

odjeća
drabužis

kratke čarape
kojinės

čarape
kojinės virš kelių

hulahopke
pėdkelnės

šal
šalikas

kišobran
skėtis

kaiš
diržas

majica kratkih rukava
marškinėliai

čizme
ilgaauliai batai

papuče
šlepetės

patike
sportbačiai

sandale	cipele	gumene čizme
sandalai	batai	guminiai batai

gaće	grudnjak	potkošulja
trumpikės	liemenėlė	liemenė

odjeća - drabužis   45

bodi
glaustinukė

hlače
kelnės

farmerke
džinsai

suknja
sijonas

bluza
palaidinė

košulja
marškiniai

džemper
megztinis

majica
megztinis su gobtuvu

sako
švarkelis

jakna
švarkas

mantil
paltas

kišni mantil
lietpaltis

kostim
kostiumas

haljina
suknelė

vjenčanica
vestuvinė suknelė

odjeća - drabužis

odijelo

kostiumas

spavaćica

naktiniai marškiniai

pidžama

pižama

sari

saris

marama

skarelė

turban

tiurbanas

burka

burka

kaftan

kaftanas

abaja

abaja

kupaći kostim

maudymosi kostiumėlis

kupaće gaće

glaudės

kratke hlače

šortai

trenerka

sportinis kostiumas

pregača

prijuostė

rukavice

pirštinės

dugme

saga

naočare

akiniai

narukvica

apyrankė

ogrlica

vėrinys

prsten

žiedas

naušnica

auskaras

kapa

kepurė

vješalica

pakabas

šešir

skrybėlė

kravata

kaklaraištis

patentni zatvarač

užtrauktukas

kaciga

šalmas

tregeri za hlače

breketai

školska uniforma

mokyklinė uniforma

uniforma

uniforma

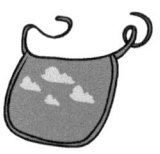

podbradak

seilinukas

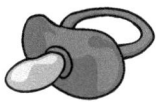

cucla

žindukas

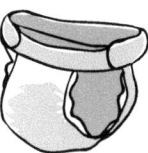

pelene

vystyklai

ured
biuras

server
serveris
ormar za kartoteku
dokumentų spinta
štampač
spausdintuvas
papir
popierius
monitor
vaizduoklis
pisaći sto
rašomasis stalas
miš
pelė
registrator
aplankas
tastatura
klaviatūra
korpa za papir
šiukšliadėžė
kompjuter
kompiuteris
stolica
kėdė

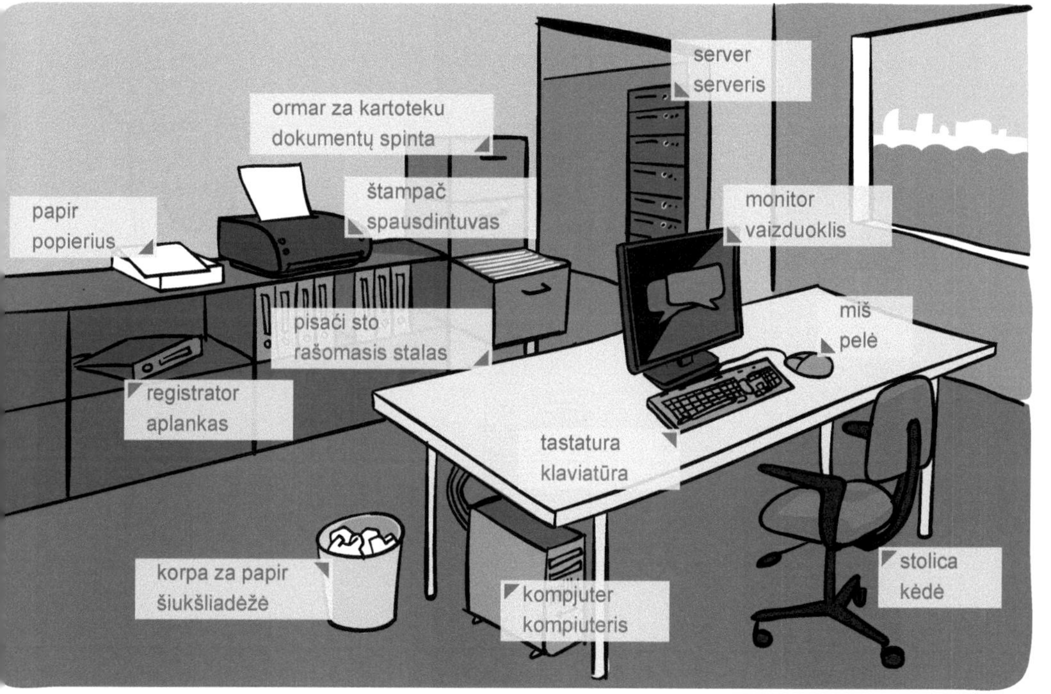

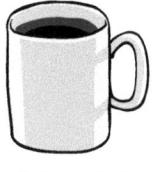

šolja za kafu

kavos puodelis

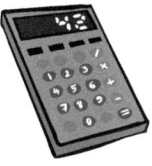

kalkulator

kalkuliatorius

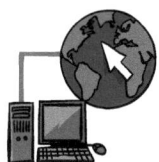

internet

internetas

laptop

nešiojamasis kompiuteris

pismo

laiškas

poruka

žinutė

mobilni telefon

mobilusis telefonas

mreža

tinklas

aparat za kopiranje

fotokopijavimo aparatas

softver

programinė įranga

telefon

telefonas

utičnica

kištukinis lizdas

faks

faksas

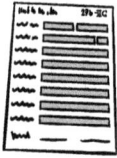

formular

forma

dokument

dokumentas

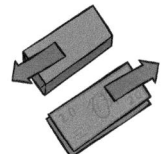

kupovati

pirkti

platiti

mokėti

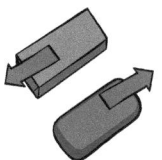

trgovati

prekiauti

novac

pinigai

USD

dolar

doleris

EUR

euro

euras

JPY

jen

jena

RUB

rublja

rublis

CHF

franak

Šveicarijos frankas

CNY

renminbi jen

juanis

INR

rupi

rupija

bankomat

bankomatas

mjenjačnica

valiutos keitykla

zlato

auksas

srebro

sidabras

nafta

nafta

energija

energija

cijena

kaina

ugovor

sutartis

porez

mokestis

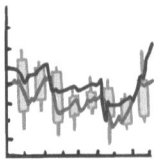

akcija

akcijos

raditi

dirbti

službenik

darbuotojas

poslodavac

darbdavys

fabrika

gamykla

radnja

parduotuvė

zanimanja
profesijos

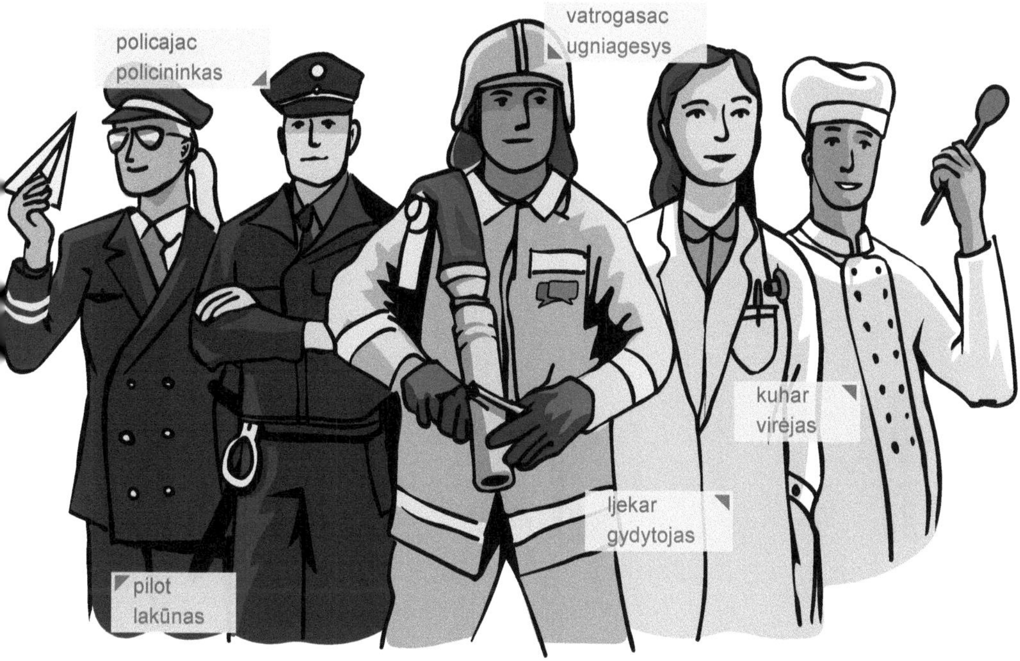
policajac
policininkas
vatrogasac
ugniagesys
kuhar
virėjas
ljekar
gydytojas
pilot
lakūnas

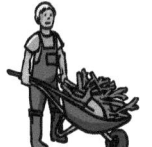

baštovan

sodininkas

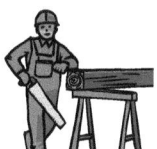

stolar

stalius

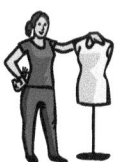

krojačica

siuvėja

sudija

teisėjas

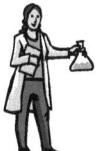

hemičar

chemikas

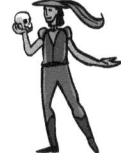

glumac

aktorius

vozač autobusa
autobuso vairuotojas

vozač taksija
taksi vairuotojas

ribar
žvejys

čistačica
valytoja

krovopokrivač
stogdengys

konobar
padavėjas

lovac
medžiotojas

moler
dailininkas

pekar
kepėjas

električar
elektrikas

građevinski radnik
statybininkas

inženjer
inžinierius

koljač
mėsininkas

limar, vodoinstalater
santechnikas

poštar
paštininkas

vojnik

kareivis

arhitekta

architektas

blagajnik

kasininkas

cvjećar

gėlininkas

frizer

kirpėjas

kontrolor

konduktorius

mehaničar

mechanikas

kapiten

kapitonas

zubar

odontologas

naučnik

mokslininkas

rabin

rabinas

imam

imamas

monah

vienuolis

sveštenik

kunigas

alat

įrankiai

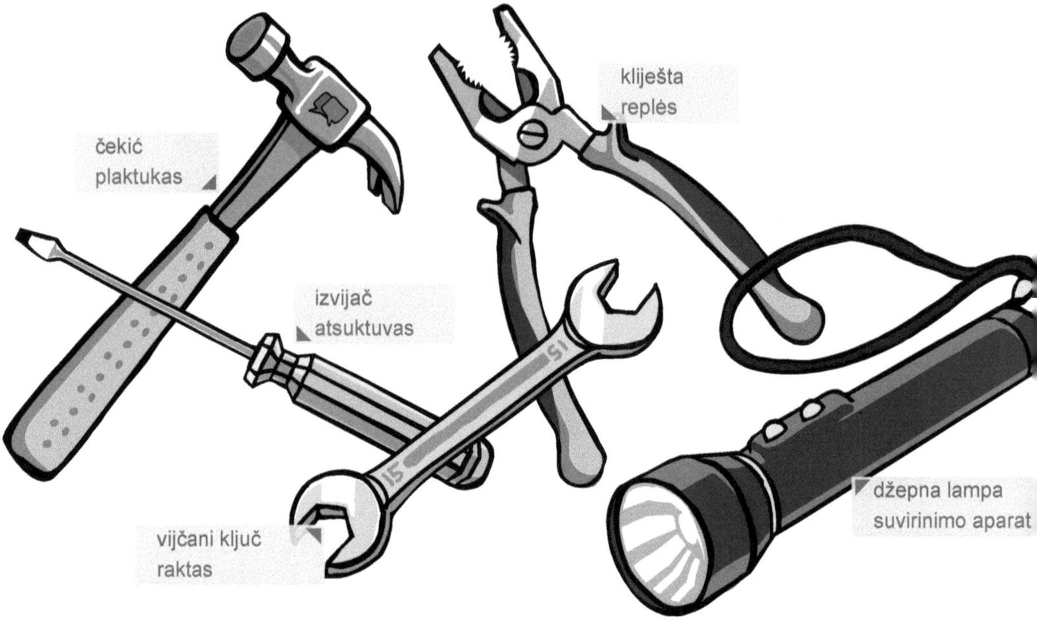

čekić
plaktukas
kliješta
replės
izvijač
atsuktuvas
vijčani ključ
raktas
džepna lampa
suvirinimo aparat

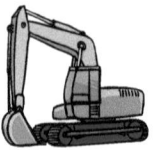

bager

ekskavatorius

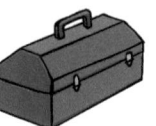

kutija sa alatom

įrankių dėžė

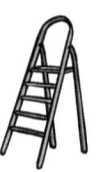

ljestve

kopėčios

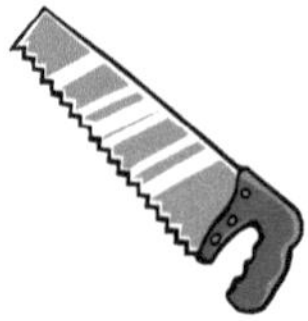

testera, pila

pjūklas

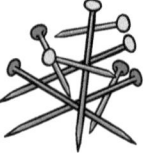

ekser

vinys

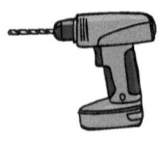

bušilica

grąžtas

popraviti

taisyti

lopata

kastuvas

sranje!

Velniava!

lopatica

semtuvėlis

kanta boje

dažų skardinė

vijak

varžtai

muzički instrumenti

muzikos instrumentai

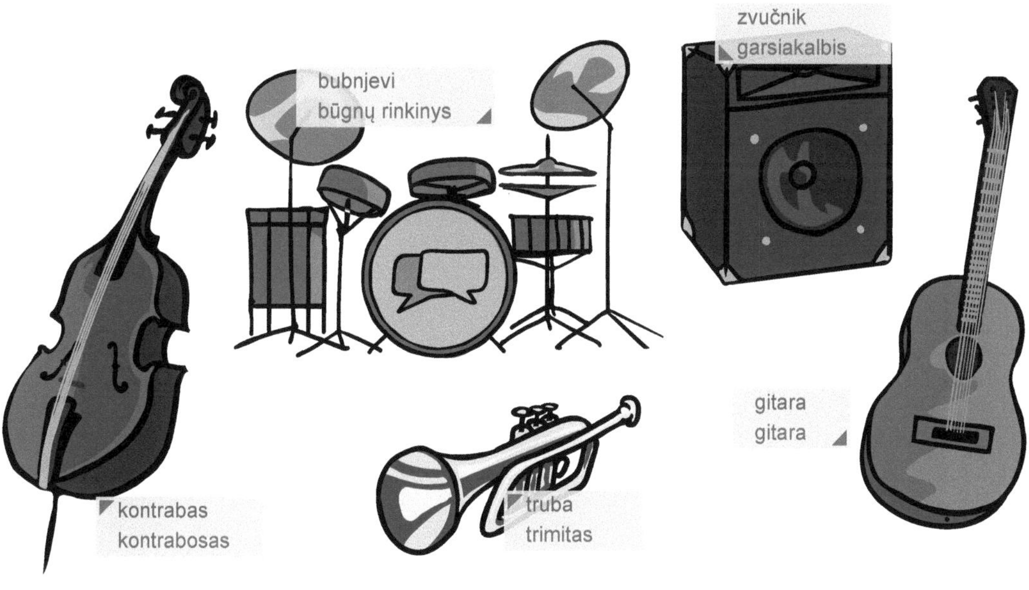

bubnjevi
būgnų rinkinys

zvučnik
garsiakalbis

kontrabas
kontrabosas

truba
trimitas

gitara
gitara

klavir

pianinas

violina

smuikas

bas

bosinė gitara

bubanj timpani

timpanas

bubanj

būgnai

sintisajzer

sintezatorius

saksofon

saksofonas

flauta

fleita

mikrofon

mikrofonas

zološki vrt
zoologijos sodas

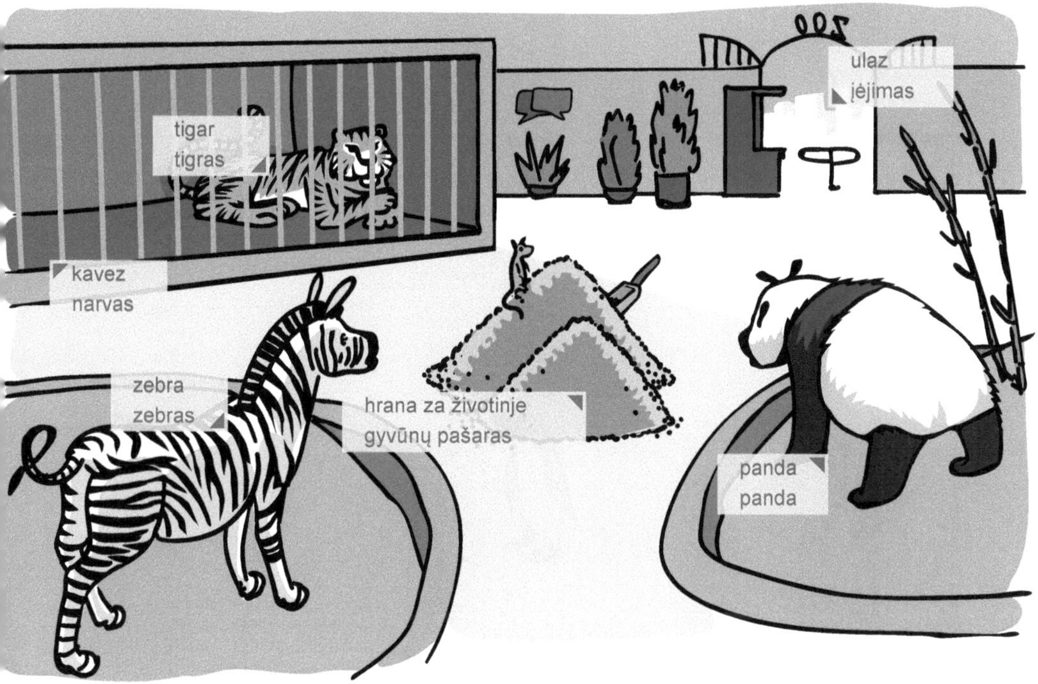

tigar
tigras
ulaz
įėjimas
kavez
narvas
zebra
zebras
hrana za životinje
gyvūnų pašaras
panda
panda

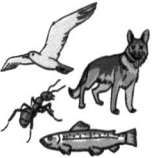

životinje
gyvūnai

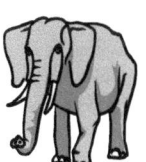

slon
dramblys

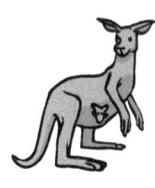

kengur
kengūra

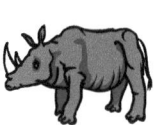

nosorog
raganosis

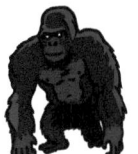

gorila
gorila

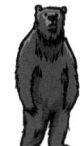

medvjed
meška

kamila
kupranugaris

noj
strutis

lav
liūtas

majmun
beždžionė

flamingo
flamingas

papagaj
papūga

polarni medvjed
baltoji meška

pingvin
pingvinas

morski pas
ryklys

paun
povas

zmija
gyvatė

krokodil
krokodilas

čuvar u zološkom vrtu
zoologijos sodo prižiūrėtojas

tuljan
ruonis

jaguar
jaguaras

zološki vrt - zoologijos sodas

poni
ponis

leopard
leopardas

nilski konj
begemotas

žirafa
žirafa

orao
erelis

divlja svinja
šernas

riba
žuvis

kornjača
vėžlys

morž
vėplys

lisica
lapė

gazela
gazelė

američki fudbal
amerikietiškas futbolas

vožnja bicikla
dviračių sportas

tenis
tenisas

košarka
krepšinis

plivanje
plaukimas

boks
boksas

hokej na ledu
ledo ritulys

fudbal
futbolas

bedminton
badmintonas

laka atletika
atletika

rukomet
rankinis

skijanje
slidinėjimas

polo
polas

smijati se
juoktis

skakati
šokinėti

zagrliti
apkabinti

ići
vaikščioti

pjevati
dainuoti

sanjati
svajoti

moliti
melstis

ljubiti
bučiuoti

pisati
rašyti

crtati
piešti

pokazati
rodyti

gurati
stumti

dati
duoti

uzeti
imti

imati
....
turėti

raditi
....
daryti

biti
....
būti

stajati
....
stovėti

trčati
....
bėgti

vući
....
traukti

baciti
....
mesti

pasti
....
kristi

ležati
....
meluoti

čekati
....
laukti

nositi
....
nešti

sjediti
....
sėdėti

obući
....
rengtis

spavati
....
miegoti

probuditi
....
pabusti

pogledati

žiūrėti

plakati

verkti

milovati

glostyti

češljati

šukuoti

govoriti

kalbėti

razumjeti

suprasti

pitati

paklausti

slušati

klausytis

piti

gerti

jesti

valgyti

pospremiti

tvarkytis

voljeti

mylėti

kuhati

gaminti

voziti

vairuoti

letjeti

skristi

jedriti
buriuoti

računati
skaičiuoti

čitati
skaityti

učiti
mokytis

raditi
dirbti

vjenčavti
vesti

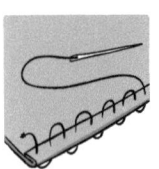

šiti
siūti

prati zube
valytis dantis

ubiti
žudyti

pušiti
rūkyti

slati
siųsti

baka
senelė

djed
senelis

otac
tėvas

majka
motina

beba
kūdikis

kćerka
dukra

sin
sūnus

gost

svečias

ujna, tetka, strina

teta

ujak, tetak, stric

dėdė

brat

brolis

sestra

sesuo

tijelo
kūnas

čelo
kakta
oko
akis
leđa
petys
prst
pirštas
lice
veidas
brada
smakras
ruka, šaka
plaštaka
noga
koja
grudi
krūtinė
ruka
ranka

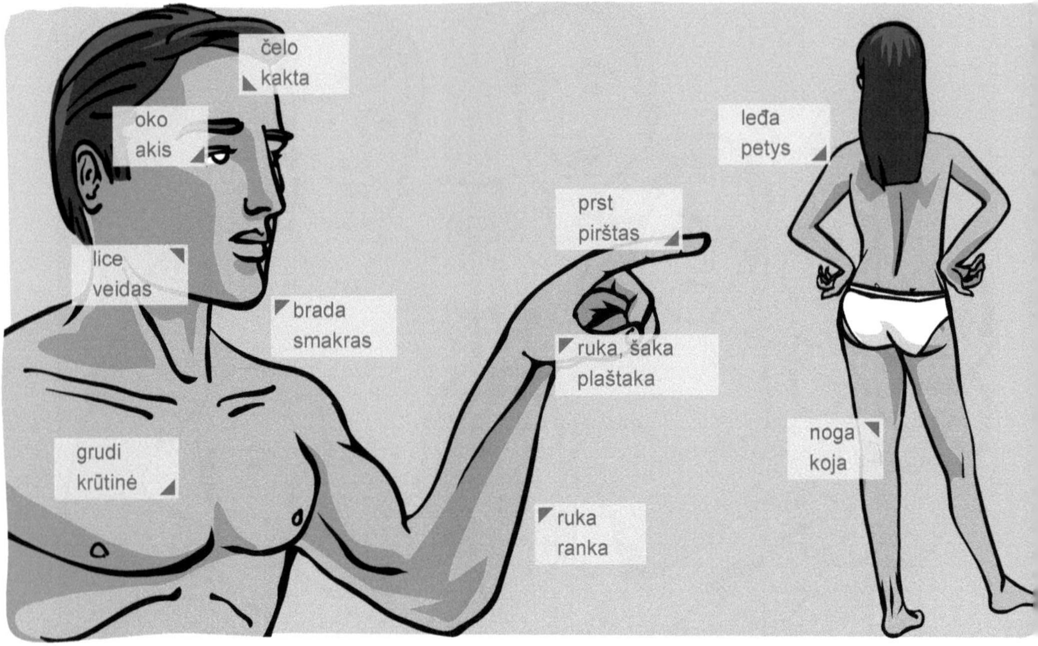

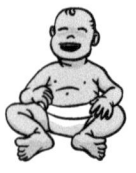

beba
kūdikis

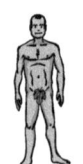

muškarac
vyras

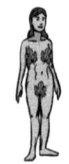

žena
moteris

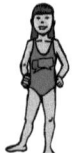

djevojčica
mergaitė

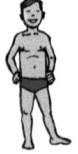

dječak
berniukas

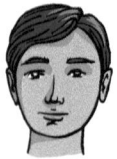

glava
galva

leđa

nugara

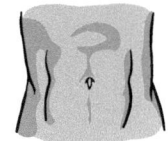

stomak

pilvas

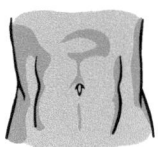

pupak

bamba

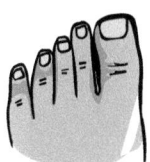

nožni prst

kojos pirštas

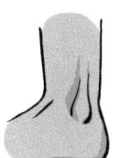

peta

kulnas

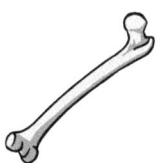

kosti

kaulas

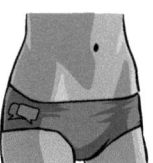

kuk

klubas

koljeno

kelis

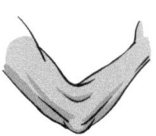

lakat

alkūnė

nos

nosis

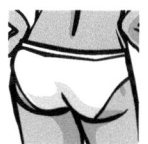

stražnjica

sėdmenys

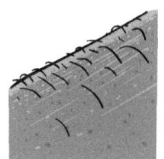

koža

oda

obraz

skruostas

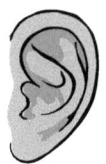

uho

ausis

usna

lūpa

usta
....
burna

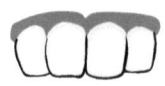

zub
....
dantis

jezik
....
liežuvis

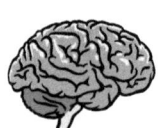

mozak
....
smegenys

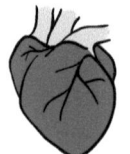

srce
....
širdis

mišić
....
raumuo

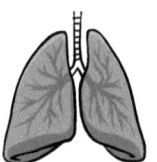

pluća
....
plaučiai

jetra
....
kepenys

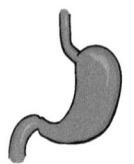

želudac
....
skrandis

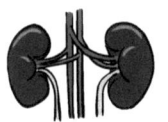

bubreg
....
inkstai

spolni odnos
....
seksas

kondom
....
prezervatyvas

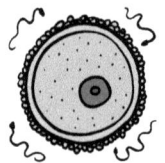

jajna ćelija
....
kiaušialąstė

sperma
....
sperma

trudnoća
....
nėštumas

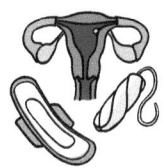

menstruacija
....
menstruacijos

vagina
....
makštis

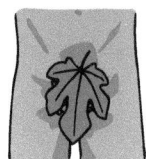

penis
....
varpa

obrva
....
antakis

kosa
....
plaukai

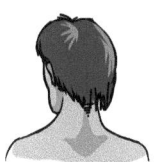

vrat
....
kaklas

bolnica
ligoninė

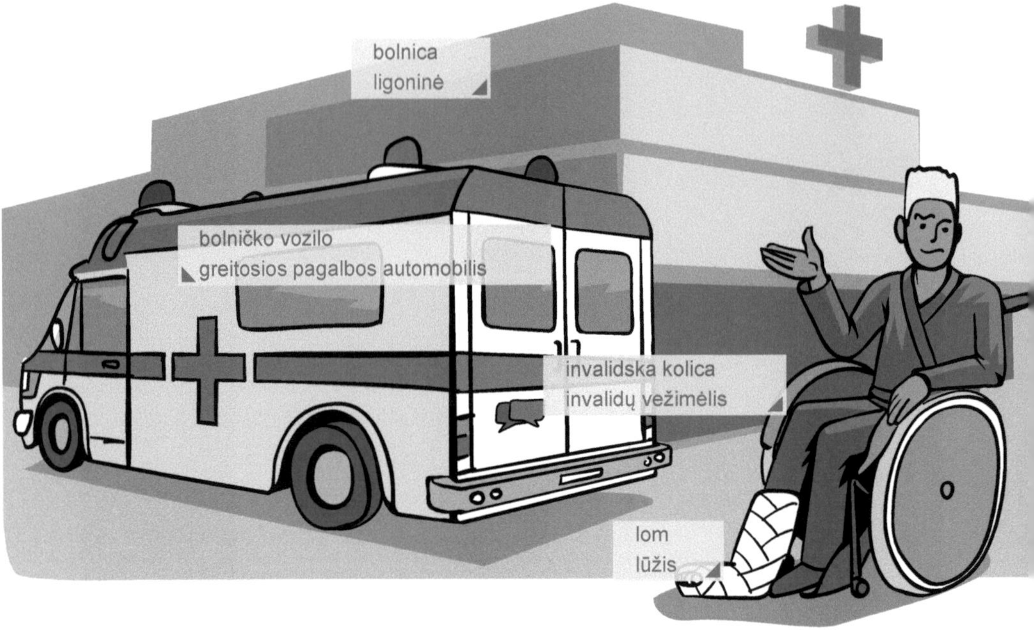

bolnica
ligoninė
bolničko vozilo
greitosios pagalbos automobilis
invalidska kolica
invalidų vežimėlis
lom
lūžis

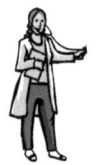

ljekar

gydytojas

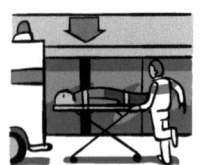

hitna služba

skubios pagalbos skyrius

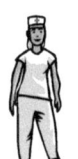

medicinska sestra

slaugytoja

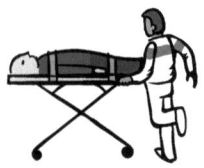

hitna pomoć

nelaimingas atsitikimas

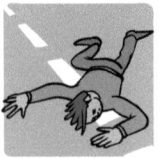

nesvjest

be sąmonės

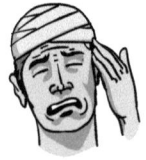

bol

skausmas

povreda

sužalojimas

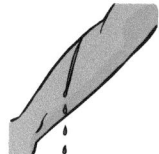

krvarenje

kraujavimas

srčani udar, infarkt

širdies smūgis

moždani udar

insultas

alergija

alergija

kašalj

kosulys

groznica

karščiavimas

gripa

gripas

proljev

viduriavimas

glavobolja

galvos skausmas

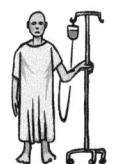

rak

vėžys

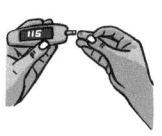

dijabetes

diabetas

hirurg

chirurgas

skalpel

skalpelis

operacija

operacija

CT
KT

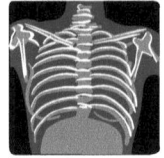

rendgen
rentgenas

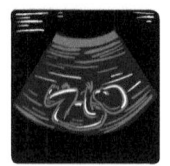

ultrazvuk
ultragarsas

maska
veido kaukė

bolest
liga

čekaonica
laukiamasis

štake
ramentas

flaster
gipsas

zavoj
tvarstis

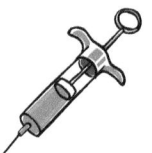

injekcija
injekcija

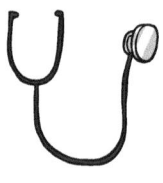

stetoskop
stetoskopas

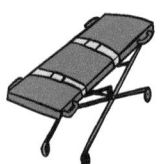

nosilo
neštuvai

termometar
termometras

porod
gimimas

prekomjerna težina, debljina
antsvoris

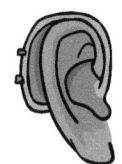

slušni aparat

klausos aparatas

sredstvo za dezinfekciju

dezinfekavimo priemonė

infekcija

infekcija

virus

virusas

HIV/ AIDS

ŽIV / AIDS

medicina

vaistas

vakcinacija

skiepijimas

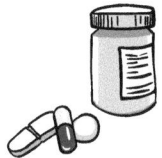

tablete

tabletės

pilula

piliulė

hitni poziv

skubios pagalbos numeris

aparat za mjerenje pritiska

kraujospūdžio matuoklis

bolestan / zdrav

ligotas / sveikas

Upomoć!

Padėkite!

alarm

pavojaus signalas

napad, prepad

užpuolimas

napad

ataka

opasnost

pavojus

izlaz u slučaju opasnosti

avarinis išėjimas

Požar!

Gaisras!

vatrogasni aparat

gesintuvas

nezgoda

nelaimingas atsitikimas

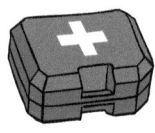

torba prve pomoći

pirmosios pagalbos rinkinys

SOS

SOS

policija

policija

Europa
Europa

Sjeverna Amerika
Šiaurės Amerika

Južna Amerika
Pietų Amerika

Afrika
Afrika

Azija
Azija

Australija
Australija

Atlantik
Atlanto vandenynas

Pacifik
Ramusis vandenynas

Indijski okean
Indijos vandenynas

Antarktički okean
Pietų vandenynas

Arktički okean
Arkties vandenynas

Sjeverni pol
Šiaurės ašigalis

Južni pol

Pietų ašigalis

Antarktik

Antarktida

Zemlja

Žemė

zemlja

sausuma

more

jūra

ostrvo

sala

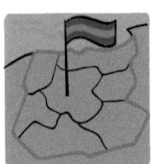

nacija

tauta

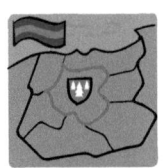

država

valstybė

brojčanik sata

ciferblatas

kazaljka sata

valandinė rodyklė

kazaljka minute

minutinė rodyklė

kazaljka sekunde

sekundinė rodyklė

Koliko je sati?

Kiek valandų?

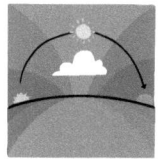

dan

diena

vrijeme

laikas

sada

dabar

digitalni sat

skaitmeninis laikrodis

minuta

minutė

sat

valanda

sedmica, nedjelja
savaitė

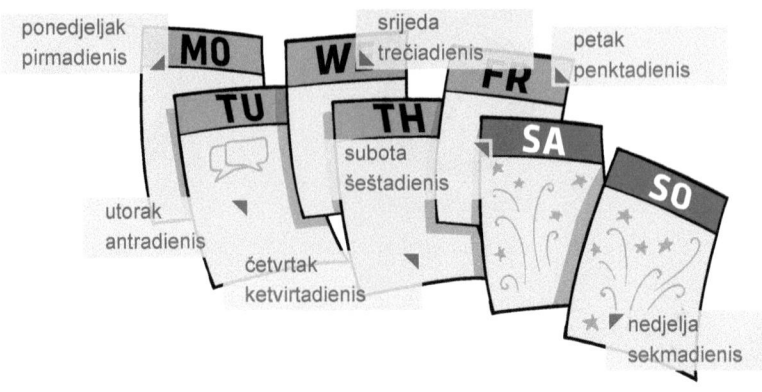

ponedjeljak
pirmadienis

srijeda
trečiadienis

petak
penktadienis

utorak
antradienis

subota
šeštadienis

četvrtak
ketvirtadienis

nedjelja
sekmadienis

juče
....
vakar

danas
....
šiandien

sutra
....
rytoj

jutro
....
rytas

podne
....
vidurdienis

veče
....
vakaras

MO	TU	WE	TH	FR	SA	SU
1	2	3	4	5	6	7
8	9	10	11	12	13	14
15	16	17	18	19	20	21
23	23	24	25	26	27	28
29	30	31	1	2	3	4

radni dani
....
darbo dienos

MO	TU	WE	TH	FR	SA	SU
1	2	3	4	5	6	7
8	9	10	11	12	13	14
15	16	17	18	19	20	21
22	23	24	25	26	27	28
29	30	31	1	2	3	4

vikend
....
savaitgalis

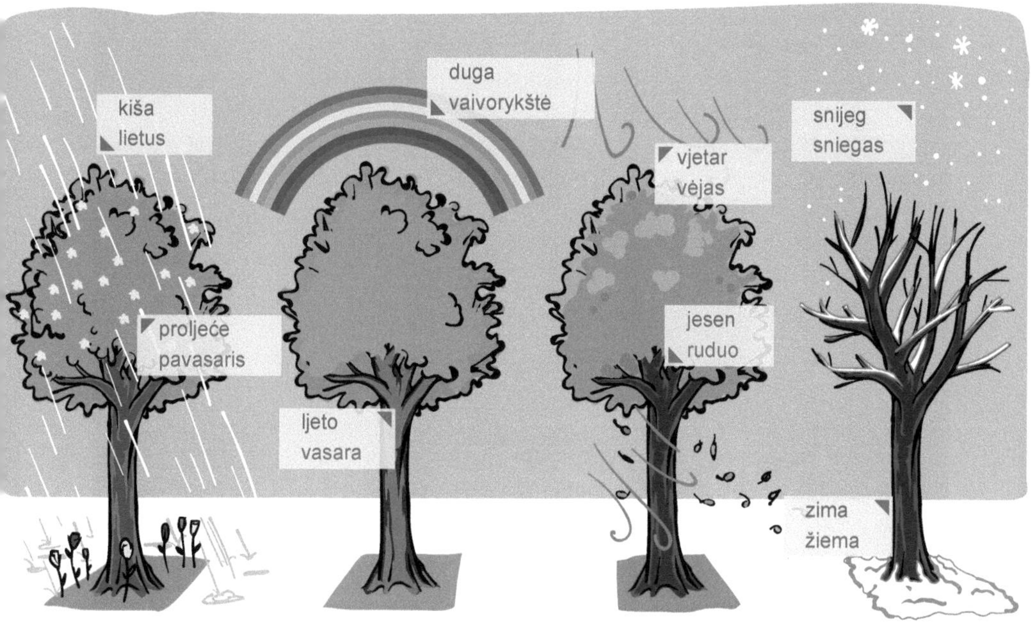

kiša
▶ lietus

duga
▶ vaivorykštė

vjetar
vėjas

snijeg
sniegas ▶

prolјeće
pavasaris

ljeto
vasara

jesen
ruduo

zima ▶
žiema

4.APRIL	11°	☀
5.APRIL	4°	
6.APRIL	13°	
7.APRIL	8°	❄
8.APRIL	10°	☀

prognoza vremena
....
orų prognozė

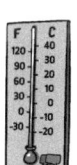

termometar
....
lauko termometras

sunčev sjaj
....
saulės šviesa

oblak
....
debesis

magla
....
rūkas

vlažnost vazduha
....
drėgmė

munja

žaibas

grom

griaustinis

oluja

audra

tuča, led

kruša

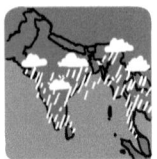

monsun

musonas

poplava

potvynis

led

ledas

januar

sausis

februar

vasaris

mart

kovas

april

balandis

maj

gegužė

juni

birželis

juli

liepa

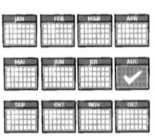

avgust

rugpjūtis

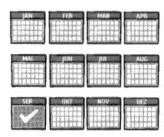

septembar
....
rugsėjis

oktobar
....
spalis

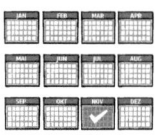

novembar
....
lapkritis

decembar
....
gruodis

krug
....
apskritimas

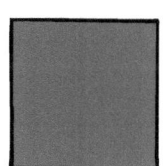

kvadrat
....
kvadratas

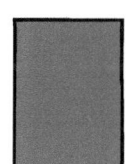

pravougao
....
stačiakampis

trougao
....
trikampis

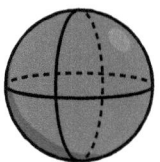

kugla
....
sfera

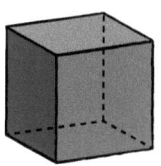

kocka
....
kubas

boje

spalvos

bjel
....
balta

žut
....
geltona

narandžast
....
oranžinė

pink
....
rožinė

crven
....
raudona

ljubičast
....
violetinė

plav
....
mėlyna

zelen
....
žalia

smeđ
....
ruda

siv
....
pilka

crn
....
juoda

malo / mnogo

daug / mažai

ljutit / miran

piktas / ramus

lijep / ružan

gražus / bjaurus

početak / kraj

pradžia / pabaiga

veliki / mali

didelis / mažas

svijetlo / tamno

šviesus / tamsus

brat / sestra

brolis / sesuo

čist / prljav

švarus / purvinas

potpun / nepotpun

užbaigtas / neužbaigtas

dan / noć

diena / naktis

mrtav / živ

miręs / gyvas

široko / usko

platus / siauras

ukusno / neukusno

valgomas / nevalgomas

zao / prijatan

piktas / malonus

uzbuđen / dosadan

linksmas / nuobodus

debeo / mršav

storas / plonas

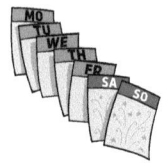

najprije / najkasnije

pirmiausia / paskiausia

prijatelj / neprijatelj

draugas / priešas

pun / prazan

pilnas / tuščias

trvd / mekan

kietas / minkštas

težak / lagan

sunkus / lengvas

glad / žeđ

alkis / troškulys

bolestan / zdrav

ligotas / sveikas

ilegalan / legalan

nelegalus / legalus

inteligentan / glup

protingas / kvailas

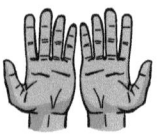

lijevo / desno

kairė / dešinė

blizu / daleko

arti / toli

nov / polovan

naujas / naudotas

ništa / nešto

niekas / kažkas

star / mlad

senas / jaunas

uključeno / isključeno

įjungta / išjungta

otvoreno / zatvoreno

atidaryta / uždaryta

tiho / glasno

tylus / garsus

bogat / siromašan

turtingas / vargšas

tačno / pogrešno

teisus / neteisus

hrapav / glatak

šiurkštus / švelnus

tužan / srećan

liūdnas / laimingas

kratak / dug

trumpas / ilgas

spor / brz

lėtas / greitas

mokro / suho

drėgnas / sausas

toplo / hladno

šiltas / šaltas

rat / mir

karas / taika

0

nula

nulis

1

jedan

vienas

2

dva

du

3

tri

trys

4

četiri

keturi

5

pet

penki

6

šest

šeši

7

sedam

septyni

8

osam

aštuoni

9

devet

devyni

10

deset

dešimt

11

jedanaest

vienuolika

12

dvanaest

dvylika

13

trinaest

trylika

14

četrnaest

keturiolika

15

petnaest

penkiolika

16

šesnaest

šešiolika

17

sedamnaest

septyniolika

18

osamnaest

aštuoniolika

19

devetnaest

devyniolika

20

dvadeset

dvidešimt

100

sto

šimtas

1.000

hiljada

tūkstantis

1.000.000

milion

milijonas

engleski

anglų

američki engleski

amerikiečių anglų

kinesko mandarinski

kinų (mandarinų)

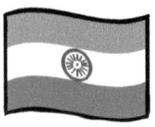

hindi

hindi

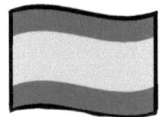

španski

ispanų

francuski

prancūzų

arapski

arabų

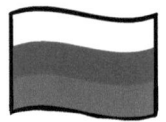

ruski

rusų

portugalski

portugalų

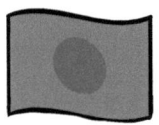

bengalski

bengalų

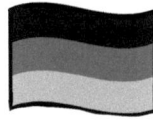

njemački

vokiečių

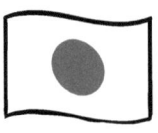

japanski

japonų

ja

aš

ti

tu

on / ona / ono

jis / ji

mi

mes

vi

jūs

oni

jie

ko?

kas?

šta?

ką?

kako?

kaip?

gdje?

kur?

kada?

kada?

ime

vardas

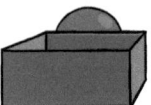

iza

už

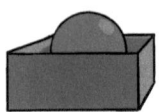

u

kur (vieta)

pred

priešais

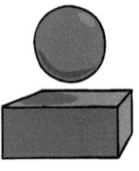

iznad

virš

na

ant

ispod

po

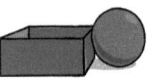

pored

prie

između

tarp

mjesto

vieta